AF177606

Der Mond war Zeuge

A2/B1

Von Volker Borbein und Marie-Claire Lohéac-Wieders

Illustriert von Detlef Surrey

Der Mond war Zeuge

Volker Borbein und Marie-Claire Lohéac-Wieders
mit Illustrationen von Detlef Surrey

Lektorat: Pierre Le Borgne
Layout: Annika Preyhs für Buchgestaltung+
Technische Umsetzung: Klein & Halm Grafikdesign, Berlin
Umschlaggestaltung: Ungermeyer, grafische Angelegenheiten
Umschlagfoto: Norbert Enker/laif

www.cornelsen.de

Die Webseiten Dritter, deren Internetadressen in diesem Lehrwerk
angegeben sind, wurden vor Drucklegung sorgfältig geprüft.
Der Verlag übernimmt keine Gewähr für die Aktualität und
den Inhalt dieser Seiten oder solcher, die mit ihnen verlinkt sind.

1. Auflage, 2. Druck 2020

© 2016 Cornelsen Schulverlage GmbH, Berlin
© 2020 Cornelsen Verlag GmbH, Berlin

Druck: H. Heenemann, Berlin

ISBN 978-3-06-120749-6

PEFC zertifiziert
Dieses Produkt stammt aus nachhaltig
bewirtschafteten Wäldern und kontrollierten
Quellen.

www.pefc.de

PEFC/04-31-1156

Inhalt

Sie können diese spannende Geschichte auch über einen MP3-Player zu Hause, bei einer Auto-, Zug- oder Busfahrt anhören und genießen. (www.cornelsen.de/daf-bibliothek/audios)

Personen

Skandal im Brüder Grimm-Museum[1]. Was haben die Mitarbeiter mit dem Diebstahl eines wertvollen Manuskripts zu tun?

Die Hauptpersonen der Geschichte sind:

Ludwig Tieck
Direktor des
Brüder Grimm-Museums.
Er fürchtet einen Skandal.

Dorothea Holle
Langjährige Chefsekretärin.
Macht Liebe sie blind?

Golo Viehmann
Aufsicht im Museum.
Er möchte das große Geld machen.

Thomas Viehmann
Arbeitet für eine Sicherheitsfirma.
Hilft er seinem Zwillingsbruder?

Jakob Wilhelm
Doktorand. Er liebt alte Bücher.

Christian Anders
Reicher Pensionär. Er lebt allein
in einem großen Haus.

Patrick Reich
Privatdetektiv. Er muss den Dieb
oder die Diebin schnell finden.

Constanze Zeigen
Freundin von Patrick Reich.

Ort der Handlung: Brüder Grimm-Museum in Kassel
Zeit der Handlung: Erstes Wochenende im September,
Museumsnacht[2]

Kapitel | 1

Samstag – 8 Uhr

Ludwig Tieck, Direktor des Brüder Grimm-Museums, liegt im Bett und träumt. In seinem Traum geht er in einem tiefen dunklen Wald mit hohen Tannen[1] spazieren. Der Spazier-
5 gang macht ihn müde. Er legt sich unter einen mächtigen[2] Baum. Wenig später schläft er ein. Plötzlich erblickt er ein großes Tier vor sich. Es sieht aus wie ein riesengroßer Wolf[3]. Es hat Augen aus Feuer und große scharfe Zähne. Ludwig schreit um Hilfe. Ohne Erfolg. Niemand hört ihn in dem
10 Wald. Er will weglaufen. Ohne Erfolg. Er kann seine Beine nicht bewegen. Wie gelähmt[4] liegt er auf dem Rücken. Der große Wolf stürzt[5] sich auf ihn. Ludwig spürt den heißen Atem und blickt in die feuerroten Augen und ...
Das Klingeln des Telefons befreit Ludwig Tieck aus seinem
15 Albtraum[6]. Für einige Sekunden weiß er nicht, wo er sich befindet. Langsam steht er auf, geht in das Badezimmer und duscht kalt. Ludwig Tieck ist nervös. Ein Gedanke geht ihm auch beim Frühstück nicht aus dem Kopf: Rotkäppchen.
„Hoffentlich ist der Traum kein schlechtes Zeichen für die
20 Ausstellung", denkt Ludwig Tieck laut.

1 grüner Nadelbaum
2 groß und stark
3 wildes Tier, das wie ein großer Hund aussieht
4 ohne Bewegung
5 plötzlich und schnell auf jemanden zukommen
6 schlechter Traum

Zum ersten Mal wird das Originalmanuskript „Rotkäppchen" der Brüder Grimm während der Kasseler Museumsnacht der Öffentlichkeit vorgestellt. Um 17 Uhr wird die Ausstellung offiziell eröffnet. Ein langer, anstrengender Tag liegt vor dem Museumsdirektor. 5

Genau vor einem Jahr, am ersten Samstag im September, nahmen über hunderttausend Menschen an der Museumsnacht teil. Es gab viel zu sehen und zu hören: Straßenmusik, Chöre, Tanzgruppen, Akrobaten, Pantomimen. Bei herrlichem Wetter warteten Menschen geduldig auf den Eintritt 10 in die Museen. Ein Volksfest.

Ludwig Tieck freut sich auf die Museumsnacht, er hat gleichzeitig eine unerklärliche Angst. Was der Traum wohl zu bedeuten hat?

Kapitel | 2

Samstag – 9.15 Uhr

„Bist du fertig?" Jakob Wilhelm blickt ungeduldig auf die Küchenuhr. „Es ist schon 9.15 Uhr. Dein Dienst beginnt in fünfundvierzig Minuten."

5 „Gleich. Kümmerst du dich um den Kaffee?", fragt Dorothea zurück.

„Ja. Bitte beeile dich."

Fünf Minuten später kommt Dorothea Holle aus dem Badezimmer. Sie hat sich besonders hübsch gemacht. Auch sie

10 muss heute wie alle anderen Mitarbeiter der Museen in Kassel arbeiten. Sie liebt ihren Beruf als Chefsekretärin von Ludwig Tieck. Und sie ist glücklich verliebt.

„Und? Gefalle ich dir so?"

Jakob nimmt sie in seine Arme.

15 „Ja. Das weißt du doch!"

Jakob hat sie im Brüder Grimm-Museum kennengelernt. Er arbeitet an einer Doktorarbeit über die Brüder Grimm. Aus diesem Grund hält er sich oft im Museum auf. Dorothea war zuerst erstaunt[7], dass er Interesse an ihr zeigte. Sie war überrascht, dass er sie bereits am zweiten Tag seiner Arbeit im 5 Museum zum Essen eingeladen und ihr mehrere Male Blumen mitgebracht hatte. Jakob schaut wieder auf die Uhr.
„Wir haben nicht mehr viel Zeit. Wir müssen gleich los!", Jakob steht auf. „Kommst du?"
Wenige Minuten später verlassen sie die Wohnung von 10 Dorothea Holle. „Komisch", denkt Dorothea. „Warum ist Jakob heute Morgen so nervös?"

Kapitel | 3

Samstag – 12 Uhr

Golo sieht in den Spiegel. Er ist mit seinem Aussehen zufrieden: schlank, sportlich, volles blondes Haar, hellblaue Augen, 1,78 m. Golo geht einmal in der Woche in das Sonnenstudio, um braun zu werden. Von Natur aus hat er eine blasse Haut. Er ist ein Typ, der bei Frauen gut ankommt. Trotzdem lebt er zurzeit allein in einer kleinen Mansardenwohnung[8]. Mehr kann er sich bei seinem Gehalt als Aufsicht im Museum nicht leisten.

Als Golo vor zehn Jahren mit seinem Bruder und zwei Schwestern aus der Ukraine[9] nach Deutschland gekommen

---

8 Wohnung unter dem Dach
9 Hauptstadt: Kiew

war, hatte er sich das Leben völlig anders vorgestellt. In seiner alten Heimat wurde über Deutschland nur Positives erzählt: sehr gut bezahlte Jobs, Geld, das auf der Straße liegt, super Autos. Kurzum: ein Leben wie im Märchen.

Von Märchen hat Golo die Nase voll[10]. Er hat immer dieselben Gegenstände vor Augen. Er muss aufpassen, dass die zahlreichen Besucher nichts anfassen. Er beneidet[11] oft die wohlhabenden Touristen, die schick angezogen sind, teuren Schmuck tragen und sich Luxushotels leisten können. Viele kommen von weither, um endlich einmal der Märchenwelt der Brüder Grimm nahe zu sein.

Golo spielt jede Woche Lotto[12]. Er träumt davon, das ganz große Geld zu machen. Bisher hat er kein Glück gehabt. Seit einiger Zeit denkt Golo über andere Möglichkeiten nach, an Geld zu kommen. Er braucht eigentlich nur die Hand auszustrecken[13], um … Golo wird in seinen Gedanken unterbrochen. Er dreht sich um. Vor ihm steht ein Besucher, der seit mehreren Wochen regelmäßig in das Museum kommt.

„Hallo Herr Anders, ich freue mich Sie zu sehen. Und? Mit wie vielen Besuchern rechnen Sie heute Nacht?" Nach einer kleinen Pause fügt er hinzu: „Ich denke, dass heute Abend mehrere Personen auf die Schätze[14] aufpassen."

„Ja, natürlich. Eine Sicherheitsfirma schickt zusätzliches Personal."

---

10 von etwas genug haben, etwas nicht mehr wollen
11 etwas haben möchten, das einer anderen Person gehört
12 Spiel, bei dem man sehr viel Geld gewinnen kann
13 nach vorne bewegen
14 sehr wertvolle Dinge

„Dann kann ja nichts passieren", sagt Christian Anders lächelnd und verabschiedet sich von Golo. „Wir sehen uns bestimmt wieder."

Kapitel | 4

Christian Anders ist ein reicher Mann. Von seinem Vater, einem Industriellen aus der Chemiebranche, hat er ein großes Vermögen geerbt[15]. Vor zwei Jahren hat sich Christian Anders im Alter von 60 Jahren zur Ruhe gesetzt. Er lebt zurückgezogen mit drei Katzen in einer alten Villa in der 5 Nähe des Bergparks Wilhelmshöhe[16]. Er lässt niemanden in sein Haus, außer seiner Haushälterin. Das Haus ist von einer hohen Mauer umgeben. Er hat kaum Kontakt zu seinen Nachbarn. Sie sehen ihn manchmal morgens, wenn er beim Bäcker frische Brötchen kauft. Er fällt durch seine Größe 10 und seinen roten Bart auf. Seine Kleidung verrät nicht, dass er ein reicher Mann ist. Im Gegenteil.

15 etwas von jemandem nach dessen Tod bekommen
16 größter Bergpark Europas; *www.stadt-kassel.de*

Der Pensionär widmet[17] sich seiner großen Leidenschaft[18]:
Er sammelt Manuskripte und Erstausgaben von Märchen
des 17., 18. und 19. Jahrhunderts. Er hat dafür gesorgt, dass
das Brüder Grimm-Museum das Handexemplar des „Deut-
5 schen Wörterbuchs"[19] der Brüder Grimm kaufen konnte. Wie
er zu diesem Schatz kam und was das einmalige Dokument
kostete, darüber gibt es nur Spekulationen.
Vor einigen Tagen hatte er Golo Viehmann zum Essen
ins „Bolero"[20] eingeladen, ein Restaurant, das nur wenige
10 Schritte vom Museum entfernt ist. Golo war über diese Ein-
ladung sehr erstaunt. Der Abend verlief angenehm. Golo
erzählte über sich und seine Träume. Christian Anders hörte
aufmerksam zu und versprach ihm, bei der Suche nach
einem besser bezahlten Job zu helfen. Nach zwei Flaschen
15 Wein war Christian Anders über alle Einzelheiten der bevor-
stehenden[21] Ausstellung bestens informiert. Golo war glücklich, einen einflussreichen Mann kennengelernt zu haben. Er
fragte sich aber auch, was Christian Anders von ihm erwar-
tete.

17 seine Kraft, sein Leben für etwas geben
18 Liebe zu Dingen oder Tätigkeiten, die man sehr interessant findet
19 größtes deutsches Wörterbuch, mit insgesamt 33 Bänden. Es wurde
von den Brüdern Grimm begonnen und 1960 vollendet.
20 Café-Restaurant gegenüber des Brüder Grimm-Museums
21 bald stattfinden

Kapitel | 5

Samstag – 21.45 Uhr

„Schön, dass Sie zu unserer Ausstellung gekommen sind."
Museumsdirektor Ludwig Tieck begrüßt Privatdetektiv
Patrick Reich und Constanze Zeigen. Sie ist die Lebensge-
fährtin von Patrick. „Möchten Sie etwas trinken? Ich habe 5
einen alten französischen Rotwein."

„Gerne", antwortet Patrick.

„Und für Sie, Constanze?"

„Ein Mineralwasser, bitte."

Während Ludwig die Getränke holt, blickt sich Patrick in 10
dem großen Büro um. An den Wänden hängen Bilder mit
Märchenmotiven aus mehreren Jahrhunderten. Eine große

Karte zeigt die deutsche Märchenstraße[22]. Auf dem alten
Schreibtisch stehen ein Computer und eine moderne Tele-
fonanlage. Es ist alles sauber und ordentlich, nichts liegt
herum[23].

5 Heute ist Ludwig Tieck anders als sonst. Er sieht blass aus
und er spricht schneller als üblich. Es ist kaum zu verstehen, was er sagt. Seine Hand zittert[24], als er Constanze und
Patrick die Getränke hinstellt.

„Entschuldigung, ich bin heute etwas durcheinander[25].
10 Die Vorbereitungen für die Museumsnacht waren anstreng-
end. In den letzten Tagen haben wir bis spät abends gear-
beitet. Bis jetzt hat es keine Probleme gegeben, aber es kann
noch so viel geschehen. Die Ausstellung ist bis Mitternacht
geöffnet."

15 „Machen Sie sich nicht verrückt. Sie haben doch gute und
zuverlässige Mitarbeiter", sagt Patrick.

„Stimmt. Für sie lege ich meine Hand ins Feuer[26]. Frau
Holle kenne ich seit zehn Jahren. Sie ist zuverlässig. Ich ver-
traue ihr absolut. Golo Viehmann arbeitet seit einem Jahr
20 als Aufseher im Museum. Er hat sich gut eingearbeitet.
Mich stört nur, dass er einen goldenen Ohrring trägt. Aber
das ist Privatsache. Jakob Wilhelm kenne ich erst seit kur-
zer Zeit. Er verbringt wegen seiner Doktorarbeit viel Zeit
bei uns. Alles ist in Ordnung. Und trotzdem: Ich habe kein
25 gutes Gefühl. Ich bin auf jeden Fall froh, dass Sie hier sind.
Nach meinen Erfahrungen der letzten Jahre gibt es beson-

---

22 *www.deutsche-maerchenstrasse.de*
23 ohne Ordnung
24 schnelle kleine unkontrollierte Bewegungen machen
25 nicht aufmerksam sein, nervös sein
26 jemandem hundertprozentig vertrauen

ders viele Besucher etwa zwei Stunden vor Mitternacht. Eine
Kontrolle ist dann sehr schwierig. Ich habe vorhin ein paar
Typen bemerkt, die mir gar nicht gefallen. Vielleicht sehe ich
schon Gespenster[27]. Bitte halten Sie die Augen offen, solange
Sie die Ausstellung besuchen. Und ..." 5
Das Klingeln des Telefons unterbricht Ludwig Tieck. Cons-
tanze und Patrick stehen auf.

27 Geist eines toten Menschen, der den Lebenden erscheint

Kapitel | 6

22.30 Uhr

Patrick verlässt mit seiner Freundin Constanze das Büro des
Museumsdirektors. Sie stellen sich vor ein offenes Fenster.
Sie blicken zum Himmel. Sie umarmen sich. Auf der Straße
5 vor dem Museum sind viele Stände[28] aufgebaut. Aus dem
Garten des Museums verbreitet[29] sich der Geruch[30] von Brat-
kartoffeln, Pommes frites, Brat- und Currywurst. Stimmen
von neugierigen Spaziergängern und die Musik von Straßen-
musikanten werden immer lauter. Patrick lässt Constanze
10 los.
„Was ist?", fragt sie erstaunt ihren Freund.

28 kleines Geschäft, oft nur ein großer Tisch
29 größer werden
30 etwas, das man mit der Nase riechen kann

„Entschuldige, Constanze. Mir geht Golo Viehmann nicht aus dem Kopf. Irgendwas stimmt nicht mit ihm. Ich weiß nicht genau was. Das macht mich unruhig. Am besten spreche ich sofort mit Ludwig Tieck."

„Tu, was du für richtig hältst." 5

„Danke für dein Verständnis. Du weißt ja, Privatdetektive sind immer im Einsatz[31]."

„Wir treffen uns in zwanzig Minuten vor dem Museum." Patrick küsst seine Freundin, dreht sich um und geht in das Büro des Direktors. 10

„Herr Tieck, ich hoffe, dass Sie mir helfen. Vor wenigen Minuten sah ich Golo Viehmann im Gespräch mit Herrn Anders. Ich hatte den Eindruck, dass beide befreundet sind. Aber das ist ein Thema, über das wir später noch sprechen können", sagt Patrick. 15

„Was meinen Sie damit?" Der Museumsdirektor blickt ungeduldig auf seine Uhr. Er hat es eilig.

„Gut, dann komme ich sofort zur Sache. Was wissen Sie über Ihren Mitarbeiter Golo Viehmann?"

„Nicht besonders viel. Seit einem Jahr arbeitet er bei uns. 20 Er ist zuverlässig, freundlich, immer pünktlich und bei Mitarbeitern beliebt."

„Wissen Sie, was er vor seiner Tätigkeit hier gemacht hat?", fragt Patrick.

„Ja, er hatte einen Halbtagsjob[32] bei der Sicherheitsfirma 25 Pro Sekuridas, mit der auch wir zusammenarbeiten."

---

31 immer zum Arbeiten bereit sein
32 nur vier Stunden am Tag arbeiten

„Na gut. Vielleicht habe ich mich geirrt. Danke, dass Sie sich trotz all der Hektik[33] jetzt Zeit für mich genommen haben."

Patrick Reich steht auf. Als er das Büro verlassen will, sagt
5 der Museumsdirektor:

„Mir fällt gerade ein: Golo Viehmann hat einen Bruder, der bei der schon genannten Sicherheitsfirma arbeitet."

„Ich wusste es doch", sagt Patrick leise zu sich und verlässt das Büro.
10 Seine Freundin wartet auf ihn.

33 große Eile, die nervös macht

Kapitel | 7

Samstag – 22.50 Uhr

Arm in Arm gehen Patrick und Constanze in der Karlsaue[34]
spazieren. Die Orangerie[35] ist hell erleuchtet. Besucher warten vor dem Eingang. Die Führungen im Planetarium[36] sind
sehr beliebt. Patrick und Constanze finden einen freien Platz ₅
auf der Terrasse des Restaurants. Sie bestellen Rotwein.
„Erinnerst du dich noch an letztes Jahr?"

    „Was meinst du genau?", fragt Constanze mit einem
Lächeln. Sie weiß natürlich, dass es sich um einen der Fälle
des Privatdetektivs handelt. ₁₀

34 *www.stadtpanoramen.de/kassel/orangerie.html*
35 *www.museum-kassel.de*
36 *http://universes-in-universe.de/car/documenta/d-hist.htm*

„Es war im Juni, kurz vor der Eröffnung der documenta[37]. Vor der Orangerie fand eine kleine Party statt. Künstler hatten sich versammelt. Unter ihnen befand sich Kaspar Tizip[38], ein erfolgreicher Künstler. Ich wurde Zeuge eines Verbre-

5 chens. Ich war dabei, als Kaspar Tizip neben mir plötzlich zusammenbrach[39]. Der Notarzt konnte nur noch den Tod des Künstlers feststellen. Es war schrecklich."

Patrick sieht seine Freundin nachdenklich an.

„Eifersucht[40], Konkurrenzneid, Lügen, Verrat einer Freund-

10 schaft und ein schrecklicher Irrtum haben zum gewaltsamen Tod von Kaspar Tizip geführt. Aber lass uns in dieser schönen Nacht von schönen Dingen sprechen. Wollen wir uns das Marmorbad[41] anschauen?"

„Hast du die Schlange[42] davor gesehen? Da müssen wir

15 ewig warten. Trinken wir lieber noch einen Wein", bietet Constanze an.

„Einverstanden. Genießen wir die herrliche Nacht."

Patrick zieht mit den Lippen eine Zigarette aus der Packung. Constanze nimmt ihm die Zigarette aus dem Mund.

20 „Du wolltest doch nicht mehr rauchen!"

„Entschuldigung, Constanze, ich war in Gedanken. Ich dachte an Rotkäppchen."

---

37 *siehe:* Tödlicher Cocktail; *www.cornelsen.de/daf-bibliothek*
38 *siehe:* Tödlicher Cocktail; *www.cornelsen.de/daf-bibliothek*
39 *hier:* auf den Boden fallen
40 die Angst eines Menschen, die Liebe eines anderen Menschen an eine dritte Person zu verlieren
41 *www.museum-kassel.de*
42 viele Menschen, die dicht hintereinander stehen und auf etwas warten

23.50 Uhr

Es ist noch immer ungewöhnlich warm. Die Gespräche der Gäste sind leiser geworden. Es wird ruhiger. Constanze sieht Patrick an.

„Gehen wir nach Hause? Zu dir natürlich." Patrick drückt ₅ die Hand seiner Freundin.

„Gerne."

Kurz nach Mitternacht sind sie in der Wohnung in der Lindenstraße.

Kapitel | 8

Nacht zum Sonntag – 2.30 Uhr

Constanze ist aufgewacht. Verschlafen reibt sie sich die Augen[43].

„Ist etwas passiert?"

5 „Ich muss sofort in das Brüder Grimm-Museum fahren. Der Museumsdirektor wollte am Telefon nicht sagen, worum es geht. Es muss aber dramatisch sein. Schlaf weiter, Constanze. Ich weiß nicht, wie lange ich weg sein werde. Warte nicht mit dem Frühstück auf mich." Patrick beugt sich

10 zu Constanze und gibt ihr einen Kuss. „Bis dann."

Fünfzehn Minuten später betritt Patrick das Museum, wo ein aufgeregter Direktor auf ihn wartet. Ludwig Tieck zittert

43 mit der Hand die Augen berühren

am ganzen Körper. Auf seiner Stirn sind Schweißperlen. Er ist sichtlich mit seinen Nerven am Ende.

Der Mond beleuchtet[44] das Museum. Die Straße ist leer und sauber. Das „Bolero" hat geschlossen. Nichts erinnert daran, dass hier vor wenigen Stunden viele Menschen waren und in 5 das Museum und in die Neue Galerie[45] strömten[46]. Ludwig Tieck führt Privatdetektiv Patrick Reich in den ersten Stock, ohne ein Wort zu sagen.

44 durch Licht hell machen
45 *www.museum-kassel.de*
46 viele Menschen bewegen sich in eine Richtung

Kapitel | 9

Vor einer Vitrine[47] bleiben sie stehen. Der obere Deckel liegt auf dem Fußboden. Die Vitrine ist leer. Ludwig Tieck wischt mit einem Taschentuch Schweiß von seiner Stirn.

„Es ist kaum zu glauben. Das Rotkäppchen-Manuskript
5 wurde gestohlen. Wie konnte das nur passieren? Wenn bekannt wird, dass unser Museum nicht sicher ist, werden wir nie wieder Leihgaben[48] ausstellen können. Sie wissen, Herr Reich, was das für ein Museum bedeutet? Das Manuskript gehört zum Weltdokumenterbe der UNESCO."
10 Patrick nickt.

„Gott sei Dank bleibt das Museum heute und morgen geschlossen. Außer uns beiden weiß noch niemand über

---

47 Kasten aus Glas, in dem wertvolle Dinge ausgestellt werden
48 *hier:* einem Museum für einen bestimmten Zeitraum ein Bild, Manuskript usw. geben

den Diebstahl Bescheid. Lange kann ich ihn aber nicht verheimlichen[49]."

„Haben Sie schon die Polizei informiert?", will der Detektiv wissen.

„Um Gottes Willen, nein, keine Polizei. Ich habe zurzeit genug Schwierigkeiten im Museum. Einen zusätzlichen Skandal kann ich mir nicht leisten. Ich hatte gehofft, dass Sie …" Erwartungsvoll sieht er Patrick Reich an.

„Einverstanden. Dann sehe ich mich erst im Hause um. Ich komme dann in Ihr Büro. Über mein Honorar[50] sprechen wir später."

Nach einer halben Stunde kommt Patrick Reich in das Büro von Ludwig Tieck.

„Und? Haben Sie schon Spuren? Wie ist der Einbruch verlaufen? Können Sie schon was sagen?"

„Langsam, langsam. Erstens: Es gibt keine Einbruchsspuren[51] an den Türen. Zweitens: Die Fenster wurden nicht beschädigt. Drittens: So, wie es aussieht, wurde nur das Rotkäppchen-Manuskript gestohlen."

„Nur ist gut", murmelt der Museumsdirektor. „Was denken Sie jetzt?"

„Ich denke, dass der Diebstahl von jemandem begangen wurde, der sich im Museum sehr gut auskennt."

Ludwig Tieck wird weiß im Gesicht.

„Das bedeutet ja, dass ein Mitarbeiter oder eine Mitarbeiterin dafür in Frage kommt."

„Richtig. Reden wir über das Personal."

---

49 jemandem etwas nicht sagen, das er aber wissen sollte
50 Bezahlung
51 etwas sichtbar mit Gewalt öffnen

Kapitel | 10

Sonntagmorgen – 3.45 Uhr

Patrick sieht aus dem Fenster. Die Silhouette[52] der Orangerie ist sichtbar. Vor wenigen Stunden ging Patrick dort mit
Constanze spazieren. Seine Gedanken wandern.
5 Der Himmel ist noch dunkel. Irgendwo draußen bellt ein
Hund. Andere Hunde antworten. Stille. Vögel beginnen zu
singen. Eine Märchenlandschaft erwacht. Ein neuer Tag
bereitet sich vor.
Patrick denkt an seinen Besuch vom Vormittag zurück.
10 Seine Gedanken kommen immer wieder auf Golo und Thomas zurück. Ist es möglich, dass beide den Diebstahl geplant
und ausgeführt haben? Dafür spricht, dass Golo trotz seines
niedrigen Gehalts ein teures Auto fährt, dass sein Bruder sich

bestens in Sicherheitsfragen des Museums auskennt. Für
Patrick ist klar: Golo und Thomas müssen im Auftrag einer
dritten Person das kostbare Manuskript gestohlen haben.
Noch gelingt es Patrick nicht, Ordnung in das Geschehen zu
bringen. Die Mosaiksteine ergeben kein Bild.   5

„Kaffee?", fragt eine Stimme.

Patrick erwacht wie aus einem Traum. Für Sekunden weiß
er nicht genau, wo er gerade ist.

„Kaffee?", fragt der Museumsdirektor erneut.

„Gerne."   10

Der heiße Kaffee tut gut. Patrick ist wieder voll da.

„Seit wann arbeitet Dorothea Holle als Sekretärin im
Museum?"

„Lassen Sie mich nachdenken. Als ich Direktor des Museums wurde, das war vor zehn Jahren, war sie schon da.   15
Warum diese Frage?"

„Nur jemand, der sich im Museum sehr gut auskennt,
kommt als Täter oder als Täterin in Frage." Patrick macht
eine kleine Pause und sieht Ludwig Tieck in die Augen. „Hat
sich Frau Holle in den letzten drei, vier Wochen anders ver-   20
halten als sonst? Ist Ihnen irgendetwas an ihr aufgefallen?
Denken Sie nach. Jede Kleinigkeit kann wichtig sein", erklärt
Reich.

Er zieht aus einer Zigarettenpackung eine Zigarette heraus
und steckt sie in den Mund.   25

„Seit dem 1. Oktober ist ..."

„Ja, ja ich weiß schon", beendet Patrick den Satz, „ist das
Rauchen in öffentlichen Gebäuden verboten."

Ludwig Tieck schenkt sich noch eine Tasse Kaffee ein.

„Jetzt, wenn Sie mich fragen, fällt mir etwas ein. Seit drei, 30
vier Wochen ist Frau Holle immer besonders gut angezogen.

Sie zeigt mehr Haut. Sie hat eine neue Frisur, eine andere Haarfarbe und sie benutzt ein neues Parfum."

„Haben Sie eine Erklärung dafür?", fragt Patrick. Er hat die Zigarette wieder in die Schachtel gesteckt.

5 „Nein. Doch … Es gibt vielleicht einen Grund. Sie hat sich verliebt. Vorgestern hörte ich sie am Telefon sagen: Ich dich auch. Bis Samstag."

„Und? Wer könnte ihr Geliebter sein? Jemand aus diesem Haus?"

10 „Keine Ahnung.[53]"

„Na gut. Es dürfte nicht allzu schwer sein, das herauszufinden. Herr Tieck, geben Sie mir bitte die Telefonnummern Ihrer Mitarbeiter. Ich muss jeden Einzelnen sprechen."
Patrick schaut auf die Uhr.

15 „Oh, so spät schon", sagt er lächelnd. „Im Moment können wir nichts machen. Um die Zeit schlafen die Menschen noch. Ich melde mich bei Ihnen, sobald ich mehr weiß. Einverstanden?"

„Natürlich. Es bleibt mir ja nichts anderes übrig. Aber
20 bitte, Herr Reich, helfen Sie mir."

53 etwas nicht wissen

Kapitel | 11

Sonntag – 9.30 Uhr

Patrick Reich fährt zur Wohnung von Golo Viehmann.
Die Haustür ist offen. Patrick geht die Treppen herauf. Die
Mansardenwohnung liegt im dritten Stock. Patrick klingelt.
Nichts. Er klingelt ein zweites Mal. Ohne Erfolg. Patrick 5
horcht[54] an der Wohnungstür. Er hört Stimmen von zwei
Personen. Patrick klopft an die Tür.
„Herr Viehmann, ich muss Sie dringend sprechen."
Langsam wird die Tür geöffnet.
   „Wer sind Sie?" 10
   „Mein Name ist Patrick Reich. Ich bin Privatdetektiv. Viel-
leicht haben Sie mich gestern im Museum gesehen?"

54 sehr aufmerksam hören

„Nein. Ich kann mich nicht an Sie erinnern. Was wollen Sie von mir?"

„Darf ich reinkommen? Es redet sich nicht so gut im Treppenhaus. Die Nachbarn ..."

5 „Also gut, kommen Sie rein."

Golo führt Patrick in die Küche. Auf dem Tisch stehen zwei Tassen.

„Ich arbeite im Auftrag von Herrn Tieck. Können Sie sich vorstellen, warum ich bei Ihnen bin?"

10 „Keine Ahnung."

„Ich will es kurz machen, Herr Viehmann. Letzte Nacht wurde aus dem Museum das Rotkäppchen-Manuskript gestohlen."

Patrick Reich wundert sich, warum Golo Viehmann nicht 15 überrascht ist.

„Und? Was habe ich damit zu tun? Warum kommen Sie zu mir? Verdächtigen Sie mich?"

„Ich verdächtige niemanden, Herr Viehmann. Ich möchte Sie nur fragen, ob Ihnen irgendwas aufgefallen ist."

20 „Nein. Ich kann Ihnen absolut nicht weiterhelfen. Es wäre schön, wenn ich jetzt in Ruhe frühstücken könnte."

Patrick Reich steht auf. Bevor er die Wohnung verlässt, dreht er sich um und ruft laut:

„Thomas Viehmann, ich weiß, dass Sie da sind. Wir spre-25 chen uns noch." Golo wird blass. Zufrieden geht Patrick schnell die Treppe hinunter.

Kapitel | 12

Sonntagmorgen – 11.30 Uhr

Patrick Reich ruft Dorothea Holle an.
„Guten Morgen, Frau Holle. Ich möchte bitte mit Jakob Wilhelm sprechen."
    „Er ist nicht da."   5
    „Können Sie mir sagen, wo er ist?"
    „Woher wissen Sie, dass ..." stottert[55] Frau Holle.
Patrick weiß, dass er ins Schwarze getroffen[56] hat. Er lässt Frau Holle keine Zeit zum Nachdenken.
    „Sie haben doch die letzte Nacht gemeinsam verbracht,   10 oder?"

---

55 einzelne, nicht zusammenhängende Worte sprechen
56 genau das Richtige sagen

Frau Holle ist so überrascht, dass sie sofort antwortet:

„Nein, das letzte Mal, als ich ihn sah, war er mit Herrn Anders zusammen."

„Wann und wo war das?"

5 „Im Museum, gegen 23.45 Uhr."

Patrick geht ein Licht auf. Endlich hat er den fehlenden Mosaikstein, der das Bild abrundet. Er weiß jetzt, wer für den Diebstahl verantwortlich ist.

„Wissen Sie, wo ich Jakob Wilhelm finden kann?"

10 „Nein, ich weiß es nicht. Ich habe keine Nachricht von ihm. Ich mache mir deshalb große Sorgen."

Sonntag – 13.30 Uhr

Patrick Reich fährt zum Haus von Christian Anders.

Seit zwei Stunden sitzt er im Auto und beobachtet den 15 Hauseingang.

Patrick ist müde. Seit vielen Stunden ist er auf den Beinen, ohne geschlafen zu haben. Neben ihm auf dem Sitz liegt eine Thermosflasche mit Kaffee. Gerade als er Kaffee in den Becher gießen will, öffnet sich die Haustür. Patrick ist hell-20 wach.

Aus der schweren Haustür kommt mit einem strahlenden Lächeln Jakob Wilhelm. Patrick steigt aus und geht direkt auf Jakob Wilhelm zu.

„Herr Wilhelm, wo ist das Rotkäppchen-Manuskript?"

25 „Christian …"

Er hört auf zu sprechen. Er beißt[57] sich auf die Lippen. Er weiß, dass er ein Wort zu viel gesagt hat. Er hat sich verraten.

---

57 *hier:* bedauern, dass man etwas gesagt hat

Er wird weiß im Gesicht. Er stützt[58] sich gegen die Mauer. Er hat plötzlich keine Kraft mehr.

„Noch weiß niemand, dass das Manuskript gestohlen wurde. Erzählen Sie, was passiert ist. Reden Sie. Das wird Ihnen gut tun. Kommen Sie, wir setzen uns ins Auto." ₅

Im Auto von Patrick beginnt Jakob Wilhelm zu weinen. Er zittert am ganzen Körper. Patrick lässt ihm Zeit. Nach und nach beruhigt er sich.

„Wusste Frau Holle von dem Diebstahl?"

„Nein, sie hat damit nichts zu tun." ₁₀

„Haben Sie mit Frau Holle ein Verhältnis, um an wichtige Informationen über die Ausstellung zu gelangen?"

„Anfangs ja. Das war die Idee von Herrn Anders. Aber dann habe ich mich wirklich in sie verliebt. Glauben Sie mir, ich kam mir wie ein Verräter vor." ₁₅

„Wie viel Geld haben Sie von Herrn Anders erhalten?"

„Es ging nie um Geld. Ich schwöre[59] es."

„Wirklich nicht?"

„Nein, das können Sie nicht verstehen. Seit vielen Jahren beschäftige ich mich mit Märchen. Sie sind mein Leben. ₂₀ Ich lebe, ich atme mit ihnen. Ich wollte das Rotkäppchen-Manuskript der Brüder Grimm nur für mich haben, ein paar Tage nur. Alte Manuskripte anfassen, in den Händen halten, bedeutet Glück für mich, höchstes Glück. Herr Anders versprach mir, dass ich mir seine Sammlung alter Manuskripte ₂₅ so oft ansehen könnte, wie ich wollte. Ein Traum wäre so in Erfüllung[60] gegangen. Deshalb habe ich gemeinsame Sache mit ihm gemacht. Das war der Grund, der einzige Grund."

58 sich festhalten
59 feierlich erklären, dass man die Wahrheit sagt
60 Wirklichkeit werden

Jakob Wilhelm fängt wieder an, leise zu weinen. Patrick Reich hat Mitleid mit ihm.

Sonntag – 16 Uhr

5 Privatdetektiv Patrick Reich ruft den Museumsdirektor an, um ihn über die Ermittlungsergebnisse zu informieren.
Am nächsten Tag liegt das Manuskript wieder in der Vitrine. Christian Anders, Sponsor des Museums und Auftraggeber des Diebstahls, hat Deutschland mit unbekanntem Ziel verlassen. Die Polizei fahndet[61] nach ihm wegen anderer Kunst-
10 diebstähle.
Jakob Wilhelm hat sich mit Dorothea ausgesprochen[62]. Sie hat ihm verziehen.
„Und wenn sie nicht gestorben sind, dann leben sie noch heute." So enden Märchen im Allgemeinen. Wirklich nur
15 Märchen?

61 suchen
62 offen über Probleme sprechen

Übungen

Kapitel 1

Ü 1   Was gehört zusammen?

1. müde	a. duschen
2. schlecht	b. warten
3. kalt	c. machen
4. an einem Fest	d. teilnehmen
5. Angst	e. vorstellen
6. geduldig	f. haben
7. der Öffentlichkeit	g. träumen
8. in die Augen	h. gehen
9. nicht aus dem Kopf	i. schreien
10. um Hilfe	j. blicken

Kapitel 2

Ü 2   Ergänzen Sie. (Vorsicht: Ö = OE, Ü = UE) Schreiben Sie senkrecht.

1. Was beginnt um 10 Uhr? Der .... von Dorothea.
2. Woran arbeitet Jakob? An einer ...
3. Wie ist Jakob heute? Er ist besonders ...
4. Wo befinden sich Jakob und Dorothea in diesem Kapitel? In der ... von Dorothea.
5. Wie heißt der Chef von Dorothea?
6. Im Badezimmer macht sich Dorothea besonders ...
7. Schon am zweiten Tag hat Jakob Dorothea zum ... eingeladen.
8. Heute Abend muss Dorothea ...

9. Da er nervös ist, schaut Jakob ständig auf die …
10. Dorothea findet es …, dass Jakob so ungeduldig ist.
11. Jakob hat Dorothea … geschenkt.
12. Welchen Vornamen hat Herr Tieck?
13. Dorothea war …, dass Jakob an ihr Interesse zeigte.

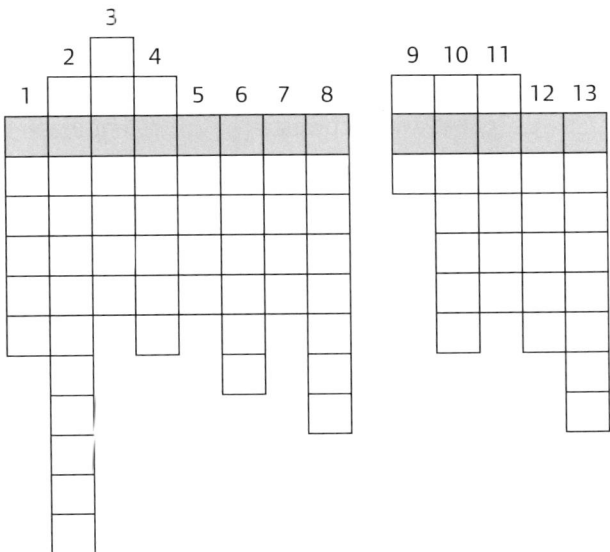

Wie lautet das Lösungswort?

Kapitel 3

Ü 3 **Kreuzen Sie die richtige/n Antwort/en an.**

1. Wie sieht Golo aus?
   - ☐ a. schlank
   - ☐ b. dick
   - ☐ c. blond
   - ☐ d. dunkel

2. Er lebt …
   - ☐ a. allein.
   - ☐ b. in einer Mansardenwohnung.
   - ☐ c. in einer Villa.
   - ☐ d. mit einer Frau zusammen.

3. Golo …
   - ☐ a. ist ein Einzelkind.
   - ☐ b. hat zwei Brüder.
   - ☐ c. hat zwei Schwestern.
   - ☐ d. hat einen Bruder.

4. Golo träumt …
   - ☐ a. vom großen Geld.
   - ☐ b. von Schmuck.
   - ☐ c. von Luxushotels.
   - ☐ d. von der Liebe.

5. Was macht Golo im Brüder Grimm-Museum?
   - ☐ a. Er passt auf.
   - ☐ b. Er besichtigt das Museum.
   - ☐ c. Er liest die Bücher.
   - ☐ d. Er macht sauber.

Kapitel 4

Ü 4 **Welche Sätze sind richtig?**

	richtig	falsch
1. Christian Anders ist ein reicher Mann.	☐	☐
2. Er hat sich zur Ruhe gesetzt.	☐	☐
3. Er sammelt alte Manuskripte.	☐	☐
4. Er hat Frau Holle zum Essen eingeladen.	☐	☐
5. Er will Golo Viehmann in sein Haus einladen.	☐	☐

Kapitel 5

Ü 5 **Tragen Sie die fehlenden Wörter ein.**
1. Golo Viehmann arbeitet … Aufseher im Museum.
2. Constanze und Patrick befinden sich im … von Herrn Tieck.
3. Für seine Mitarbeiter würde Herr Tieck seine Hand ins … legen.
4. Tieck ist unruhig. Er hat kein gutes …
5. Herr Tieck bietet Patrick einen … an.
6. Rotwein und Mineralwasser sind die … von Constanze und Patrick.
7. Wenn viele Besucher da sind, ist eine … sehr schwierig.
8. Da er aufgeregt ist, sieht Herr Tieck …
9. Die … ist bis Mitternacht geöffnet.
10. Die schönste Nacht in Kassel ist die …

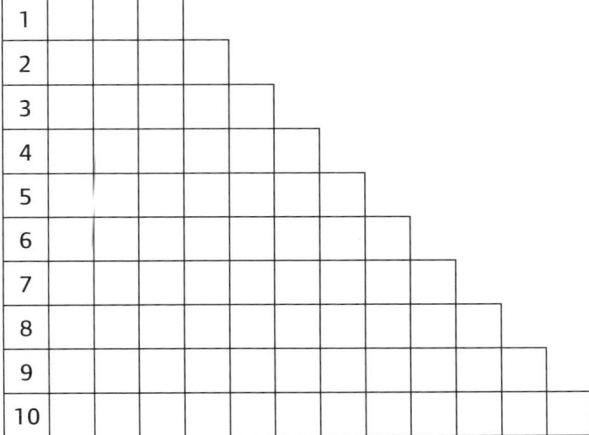

Kapitel 6

Ü 6   Bringen Sie die Sätze in die richtige Reihenfolge.

a. Der Detektiv geht wieder zu Herrn Tieck und spricht mit ihm.

b. Er umarmt seine Freundin.

c. Patrick erfährt: Golo hat einen Bruder.

d. Patrick verlässt das Büro von Herrn Tieck.

e. Sie unterhalten sich über Golo Viehmann.

f. Er küsst Constanze und geht.

1	2	3	4	5	6

Kapitel 7

Ü 7   Schreiben Sie die Sätze zu Ende.

1. Arm in Arm gehen Patrick und Constanze …

2. Patrick und Constanze finden einen freien Platz …

3. Patrick zieht mit den …

4. „Entschuldigung, Constanze, ich war in Gedanken. Ich …"

5. Es ist noch immer ungewöhnlich warm. Die Gespräche der Gäste …

6. „Gehen wir nach Hause? …"

7. Kurz nach Mitternacht sind …

Kapitel 8

Ü 8   Stimmt das …?

	Ja	Nein
1. Constanze schläft.	☐	☐
2. Patrick muss sofort in das Brüder Grimm-Museum fahren.	☐	☐
3. Ludwig Tieck zittert am ganzen Körper.	☐	☐
4. Die Straße ist voll und schmutzig.	☐	☐
5. Ludwig Tieck führt Privatdetektiv Patrick Reich in den ersten Stock.	☐	☐
6. Beide sprechen viel.	☐	☐

Kapitel 9

Ü 9   Tragen Sie die fehlenden Wörter ein.

1. Das Rotkäppchen-Manuskript ist eine …
2. Was ist die Abkürzung für *United Nations Educational, Scientific and Cultural Organization?*
3. Außer Patrick und Herrn Tieck weiß noch niemand über den … Bescheid.
4. Das Manuskript gehört zum … der UNESCO.
5. Es … kaum zu glauben, was passiert ist.
6. Das Manuskript wurde …
7. Ludwig Tieck wischt mit einem … Schweiß von seiner Stirn.
8. „Haben Sie schon die Polizei …?"
9. Es gibt keine …
10. Die Freundin von Patrick heißt …
11. In welcher Stadt steht das Brüder Grimm-Museum?

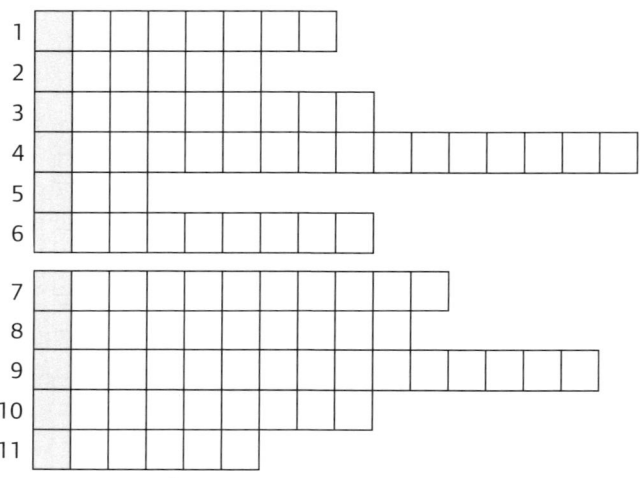

Wie lautet das Lösungswort?

Kapitel 10

Ü 10 Finden Sie in diesem Chaos die Sätze wieder, die sich auf Frau Holle beziehen.

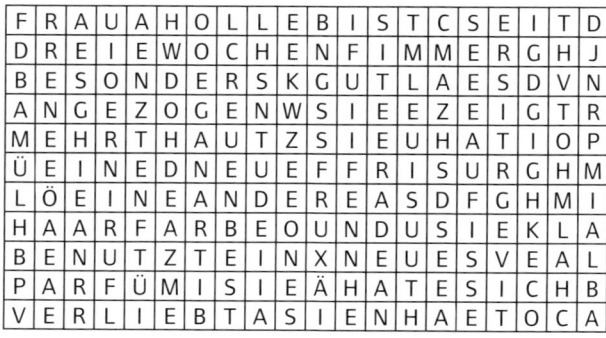

Kapitel 11

Ü 11   Welche Reihenfolge ist richtig?

     a. „Thomas Viehmann, ich weiß, dass Sie da sind."

     b. „Ich kann Ihnen absolut nicht weiterhelfen. Es wäre schön, wenn ich jetzt in Ruhe frühstücken könnte."

     c. Patrick Reich fährt zur Wohnung von Golo Viehmann.

     d. Zufrieden geht Patrick schnell die Treppe hinunter.

     e. Seine Mansardenwohnung liegt im dritten Stock.

     f. Patrick horcht an der Wohnungstür.

     g. Langsam wird die Tür geöffnet.

     h. Golo führt Patrick in die Küche.

     i. Patrick Reich fragt: „Können Sie sich nicht vorstellen, warum ich bei Ihnen bin?"

     j. Bevor er die Wohnung verlässt, dreht Patrick sich um und ruft laut:

1	2	3	4	5	6	7	8	9	10

Kapitel 12

Ü 12   Wie heißt das Märchen „Rotkäppchen" in Ihrer Sprache? Erzählen Sie im Kurs das bekannteste Märchen Ihres Landes.

Lösungen

Kapitel 1
Ü1   1 c, 2 g, 3 a, 4 d, 5 f, 6 b, 7 e, 8 j, 9 h, 10 i

Kapitel 2
Ü2   1. Dienst   6. huebsch   11. Blumen
      2. Doktorarbeit   7. essen   12. Ludwig
      3. nervoes   8. arbeiten   13. erstaunt
      4. Wohnung   9. Uhr   Lösungswort:
      5. Tieck   10. komisch   Dorothea Holle

Kapitel 3
Ü3   1. schlank, blond
      2. allein, in einer Mansardenwohnung
      3. Er hat zwei Schwestern, er hat einen Bruder.
      4. Er träumt vom großen Geld, von Schmuck, von Luxushotels.
      5. Er passt auf.

Kapitel 4
Ü4   richtig: 1, 2, 3
      falsch: 4, 5

Kapitel 5
Ü5   1. als   5. Rotwein   9. Ausstellung
      2. Büro   6. Getränke   10. Museumsnacht
      3. Feuer   7. Kontrolle
      4. Gefühl   8. Gespenster

Kapitel 6
Ü6   d – b – f – a – e – c

Kapitel 7
Ü7

1. Arm in Arm gehen Patrick und Constanze in der Karlsaue spazieren.
2. Patrick und Constanze finden einen freien Platz auf der Terrasse des Restaurants.
3. Patrick zieht mit den Lippen eine Zigarette aus der Packung.

4. „Entschuldigung, Constanze, ich war in Gedanken. Ich dachte an Rot-käppchen."
5. Es ist noch immer ungewöhnlich warm. Die Gespräche der Gäste sind leiser geworden.
6. „Gehen wir nach Hause? Zu dir natürlich."
7. Kurz nach Mitternacht sind sie in der Wohnung in der Lindenstraße.

Kapitel 8
Ü8 Ja: 2, 3, 5
    Nein: 1, 4, 6

Kapitel 9
Ü9 1. Leihgabe
    2. UNESCO
    3. Diebstahl
    4. Weltdokumenterbe
    5. ist
    6. gestohlen
    7. Taschentuch
    8. informiert
    9. Einbruchsspuren
    10. Constanze
    11. Kassel
    Lösungswort: Ludwig Tieck

Kapitel 10
Ü10

F	R	A	U		H	O	L	L	E		I	S	T		S	E	I	T
D	R	E	I		W	O	C	H	E	N		I	M	M	E	R		
B	E	S	O	N	D	E	R	S		G	U	T						
A	N	G	E	Z	O	G	E	N		S	I	E		Z	E	I	G	T
M	E	H	R		H	A	U	T		S	I	E		H	A	T		
	E	I	N	E		N	E	U	E		F	R	I	S	U	R		
		E	I	N	E	A	N	D	E	R	E							
H	A	A	R	F	A	R	B	E		U	N	D		S	I	E		
B	E	N	U	T	Z	T	E	I	N		N	E	U	E	S			
P	A	R	F	Ü	M		S	I	E		H	A	T		S	I	C	H
V	E	R	L	I	E	B	T											

Kapitel 11
Ü11 c – e – f – g – h – i – b – j – a – d

MP3:
Der Mond war Zeuge
Ein Fall für Patrick Reich

Gelesen von Denis Abrahams

Regie:	Susanne Kreutzer
	Christian Schmitz
Toningenieur:	Christian Schmitz
Studio:	Clarity Studio Berlin

unter www.cornelsen.de/daf-bibliothek/audios